U1007757

360° 全景探秘

最不可思议的史前文明

最不可思议的史前文明

ZUI BU KE SI YI DE SHI QIAN WEN MING

360度全景探秘

最不可思议的史前文明

主编 李 阳

天津出版传媒集团

天津科学技术出版社

图书在版编目（CIP）数据

最不可思议的史前文明 / 李阳主编. 一天津：天津科学技术出版社，2012.4（2021.6重印）

（360度全景探秘）

ISBN 978-7-5308-6997-0

Ⅰ.①最… Ⅱ.①李… Ⅲ.①史前文化—世界—普及读物 Ⅳ.①K11-49

中国版本图书馆CIP数据核字（2012）第080410号

360度全景探秘——最不可思议的史前文明

360DU QUANJING TANMI —— ZUI BUKE SIYI DE SHIQIAN WENMING

责任编辑：王　璐

责任印制：刘　彤

出　　版：天津出版传媒集团
　　　　　天津科学技术出版社

地　　址：天津市西康路35号

邮　　编：300051

电　　话：（022）23332399

网　　址：www.tjkjcbs.com.cn

发　　行：新华书店经销

印　　刷：永清县晔盛亚胶印有限公司

开本 690×940　1/16　印张 9　字数 200 000

2021年6月第1版第5次印刷

定价：32.00元

目 录

一、神奇的超前文明

人类之前的文明之谜

在人类之前，地球上是否存在过类似我们今天的文明，或者超文明？这是我们每个人都感兴趣，然而又无法回答的一个问题，即使在学术界，对于这个问题也是众说纷纭，莫衷一是。

踩在三叶虫上的足印

在美国犹他州羚羊泉的发现甚为奇异。业余化石爱好者米斯特于1968年6月发现了几块三叶虫化石。他叙述说，当他用地质锤轻轻敲开一块石片时，石片“像书本一样打开，我吃惊地发现，其中一片上面有一个人的脚印，中央处踩着三叶虫，另一片上也显出几乎完整无缺的脚印形状。更令人奇怪的是，那几个人穿着便鞋。”

之后，1968年7月，著名地质学家伯狄克博士亲往羚羊泉考察，又发现了一个小孩的脚印。1968年8月，盐湖城公立学校的一位教育工作者华特，又在含有三叶虫化石的同一块岩石中发现了两个穿鞋子的人类足迹。

所有这些发现，经有关学者鉴定，均认为确凿无

◆ 三叶虫化石

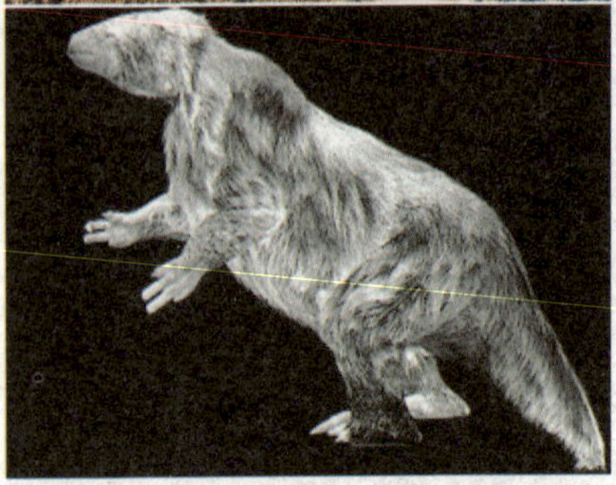

◆ 大懒兽

疑，是对传统地质学的严重挑战。犹他州大学地球科学博物馆馆长马迪生在记者招待会上说：“那时候地球上没有人类，也没有可以造成近似人类脚印的猴子、熊或大懒兽，那么，在连脊椎动物也未演化出来之前，有什么似人的动物会在这个星球上行走呢?”

三叶虫是细小的海洋无脊椎动物，与虾蟹同类。三叶虫生存于6亿年前至2.8亿年前期间，而人类出现的历史与之相比，可谓是白驹过隙。至于穿上像样的鞋子也不过3千多年，这一切，又该作何解释?

20亿年前的核反应堆

◆ 铀矿石

众所周知，人类在近几十年内才开始掌握了原子技术这一高科技技术，然而在非洲，却发现了一个20亿年前的核反应堆。

事情的经过是这样的：法国有一家工厂使用从非洲加蓬共和国进口的奥克洛铀矿石，他们惊讶地发现，这批进口铀矿石已被人利用过。铀矿石的一般含铀量为0.72%，而奥克洛铀矿石的含铀量却不足0.3%。这一奇怪的现象引起了科学家们的注意。他们纷纷来到加蓬奥克洛铀矿考察，发现了一个不可思议的史前遗迹——古老的核反应堆。它由6个区域约500吨铀矿石构成，输出功率估计为100千瓦。这个反应堆保存完整，结构合理，运转时间长达50万年之久。

据考证，奥克洛铀矿成矿年代大约在20亿年之前，成矿后不久就有了这一核反应堆。而人类只是在几十万年之前才开始使用火。那么，是谁留下了这个古老的核反应应

◆ 世界最大的格拉弗林核电站

◆ 20亿年前的核反应堆

堆?是外星人的作品，还是前一代地球文明的遗迹?

矿石中的人造物

人类学会制造工具的历史不过几十万年，然而，人们却从几千万年甚至几亿年前形成的矿石中发现了人工制造的东西。

1844年，苏格兰特卫德河附近的矿工，在地下8英尺的岩石中发现了一条金线。

1845年，英国布鲁斯特爵士报告，苏格兰京古迪采石场在石块中发现一枚铁钉，铁钉的一端嵌在石块中。

1851年，美国马塞诸塞州多契斯特镇进行爆破，从坚实的岩床中炸出了两块金属碎片。这两块碎片合拢后，竟是一个钟形器皿，高12厘米，宽17厘米，是用某种金属制成，有点像锌或锌与银的合金，表面铸刻着6朵花形图案，花蕊中镶有纯银，底部镌刻着藤蔓花环图纹，当地报刊称赞它为“精美绝伦”。

1885年，澳大利亚一处作坊的工人，在砸碎煤块时发现煤中有一个闪闪发光的金属物，是一个平行六面体，两面隆起，其余四面均有深槽，形状规则，使人无法否认这是一个人造物体。

1891年，伊利诺伊州摩里逊维尔镇的柯尔普太太在敲碎煤块时，发现煤里有一条铁链，两端还分别嵌在两块煤中。这两块煤原来是一个整体，只是在敲碎时才分开。

◆ 铁链

1961年，美国加利福尼亚州奥兰恰市洛亨斯宝石礼品店的 3 位合伙人兰尼、米克谢尔和麦西，在一个海拔4300英尺的山峰上，找到一块化石。当他们锯开化石时，锯刃被坚硬的东西弄坏了，打开后才发现，化石中包着一个“晶洞”，里面有一个像汽车火花塞一类的东西。中间是一条金属圆芯，外包一个陶瓷轴环、轴环外又有一个已变成化石的

◆ 化石

木刻六边形套筒，套筒外面便是硬泥、碎石和贝壳化石碎片。据地质学家估计，这块化石在50万年前就已形成。而50万年前又何来汽车火花塞？

不可思议的史前文明遗迹

距离澳大利亚东海岸约750英里的新喀里多尼亚岛以南约644千米处，有一个叫派恩的小岛。岛上有四百多个像蚁丘似的

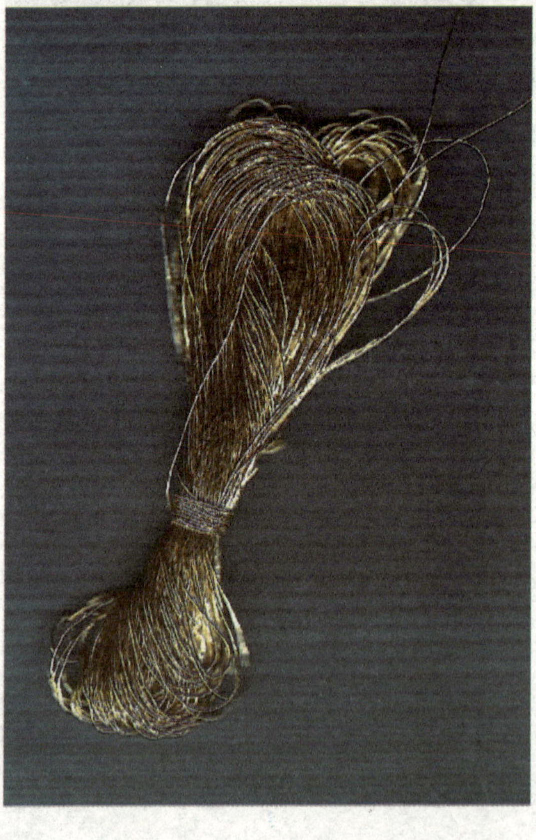

古怪古冢，用沙石筑成，高 8 ～ 9 英尺，直径300英尺。古冢上寸草不生，古冢内也找不到任何遗骸，只在 3 个古冢中各发现一根直立水泥圆柱。

在美国佛罗里达州、佐治亚州及南卡群岛一带海底，人们发现一条路面宽阔的平坦大道。潜水艇安上轮子后可以像公共汽车一样地在大道上行驶。

◆ 自制潜水艇

1969年，一个阿根廷人莫里兹在南美洲发现一条数千米长的隧道系统，在秘鲁、厄瓜多尔境内就有几百里长，离地面250米深。隧道内壁光洁平滑，顶部平坦。其中有几处宽阔的厅洞，竟有喷气客机停机库那样巨大。在一处宽153米、长164米的大厅中，放着一张桌子，七把椅子。这些桌椅不知用何种材料制成，像石头又不冰冷，像塑料却坚硬如钢。大厅里还有许多金属叶片，大多在3.2英尺长、1.7英尺宽之间，几厘米厚，一页一页地排列着，就像装订在一起的书。目前已经发现有

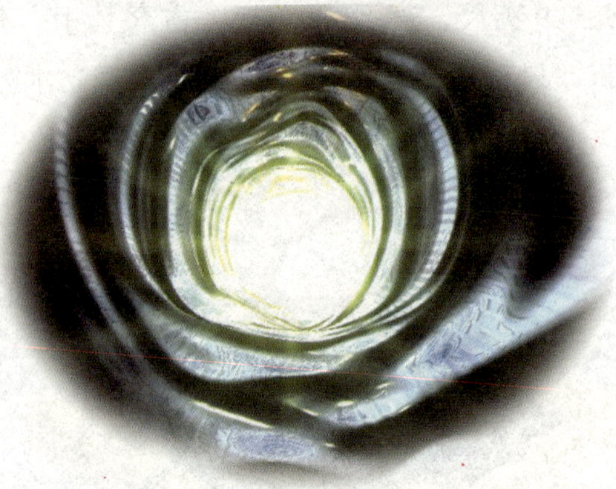

◆ 隧道

3千片左右，每片上都书写着符号，好像是用机器有规律地压印上去的，但这些符号至今没有一个人能读懂它们。

隧道里还有许多大块的金块和银质器物。莫里兹发现的隧道可以说是人类历史上的黄金大宝库，这条隧道是什么时代的产物？所刻的符号里隐藏着什么秘密？现在还是个千古之谜。不过，后人伪造是不可能的，因为没有人会用黄金去进行伪造。

超时代的技术

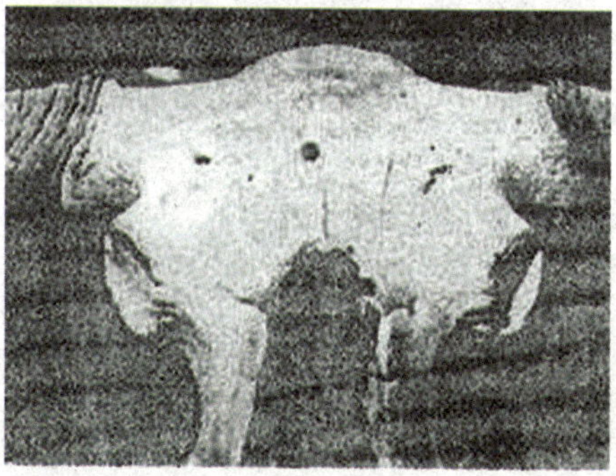

土耳其伊斯坦布尔的托普卡比宫珍藏着一张奇特的古代地图。这张古地图是18世纪初发现的，看样子是一份复制品。地图上，只有地中海地区画得十分精确，其余地区，如美洲、非洲都严重变形。然而，当科学家们进一步深入研究时，惊讶地发现，这张古地图其实是一张空中鸟瞰图。同阿波罗八号飞船所拍摄的地球照片相比，土耳其的这张古地图就像是它的翻版一样。地图上美洲、非洲的变形轮廓线，同阿波罗飞船拍摄的照片完全重合。尤其令人惊讶的是，古地图上还绘出了南极洲冰层覆盖下的复杂地貌，同南极探险队在1952年用回声探测仪对南极冰下地形的探测图毫无二致。是什么人在远古时代就已掌握了太空航摄的高技术呢?

在南美的的喀喀湖高原，古城第阿瓦拉克神秘的废墟中，有一座用整块红色砂岩雕刻成的巨

◆ 南极洲

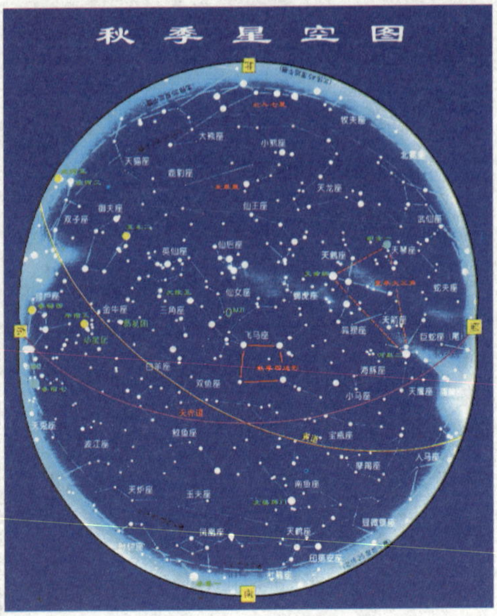

◆ 南极章鱼

大神像。神像上刻有一幅完整无缺的星空图，以及上百个符号。经考古学家多年研究，终于破译了星图及符号。他们认为，这幅星图所描绘的是2.7万年前的古代星空，那些符号记述的是极为深奥的天文知识。这些知识是现代人类所未掌握的。数万年前居住在南美的的喀喀湖畔的古人类，又怎样掌握了超过现代人类的天文知识呢？

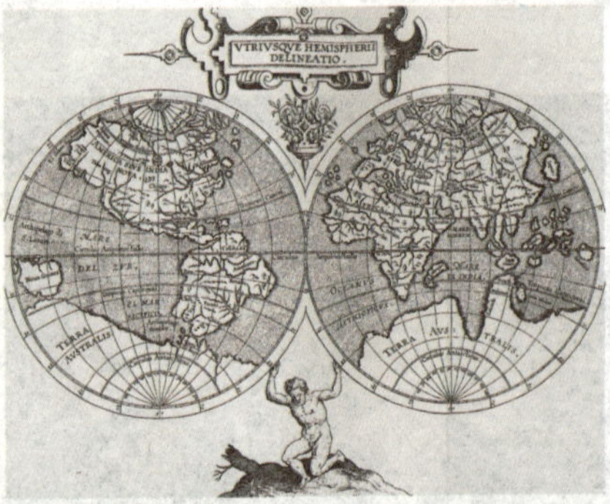

◆ 古代地图

是否存在着史前超文明

以上种种超文明的不解之谜，一些科学家认为有两种解释，一是外星人访问地球所留下的痕迹；一是现代人类文明之前，曾经出现过前一届高级人类的史前超文明。越来越多的人更为相信后一种解释，有科学家提出了地球文明周期进化论。生物考古学家认为，地球诞生至今的45亿年历史中，地球生物经历了5次大灭绝，生生死死，周而复始，最后一次大灭绝发生在6500万年之前。有人据此推断，20亿年前地球上存在过高级文明生物，但不幸毁灭于一场核大战或巨大的自然灾害。亿万年的沧海桑田几乎抹去了一切文明痕迹，仅留下极少遗物，成了现代人类的不解之谜。也有人

◆ 科莫多龙

认为，前一届高级文明的毁灭，是因为地球气候的周期性变化。或者因为地球磁场的周期性消失。太阳系运转到宇宙空间某个特定位置时，地球上将会周期性地出现不适应人类生存的气候。6500万年前恐龙的灭绝便是一个例证。地球的这种周期性气候变化会导致高级智慧生物的周期起源和进化。

当然，这些仅是一家之言，或者说仅是一些猜测。然而，超文明的不解之谜，倒确实值得人们认真思考。

巴格达古电池之谜

众所周知，电池的出现是近200年来的事情，然而，德国物理学家卡维尼格曾发布了一条惊人的消息：在距今2000多年的巴格达古墓出土的物品中有一些古电池。这一消息轰动了整个世界，科学家和考古学家纷纷质疑，认为这是不可能的。

卡维尼格关于古电池的报告是这样描述的："陶制器皿，类似花瓶，高15厘米，白色中夹杂一点儿淡黄色，边沿已经破碎，上端为口状，瓶里装满了沥青，沥青中有一个铜管，直径2.6厘米，高 9 厘米，

铜管顶端有一层沥青绝缘体。在铜管中又有一层沥青，并有一根锈迹斑斑的铁棒。铁棒高出沥青绝缘体 1 厘米，由一层灰色偏黄的物质覆盖着，看上去好像是一层铅。铁棒下端长出铜管的底座 3 厘米，使铁棒与铜管隔开，看上去好像是一组化学仪器。”卡维尼格在报告书中总结说：在巴格达出土的陶制器皿、铜管和铁棒，实际是一批距今2200多年的古代电池。它只要加上酸溶液或碱溶液，便可发出电来。

考古学家威夏劳·勒加及其助手在埃及尼罗河畔的古墓考古中，从一座从未被人发掘的距今 4 千多年的古墓里，发掘出一台完整无损的彩色电视机。经检测这是一台4200年前的电视机，这不是开“国际玩笑”吗！那时候古埃及人怎么会制造电视机呢？

神秘的大地图案之谜

1978年，当时在厄瓜多尔基多市的天主教大学考古学系任系主任的波拉斯神父，在原始丛林中发现了一个迄今为止尚未人知的城邦。它位于厄瓜多尔马卡斯市以北约40公里处的乌帕诺河边，神父猜测这座城邦代表着南美洲最古老的文明。城邦中的建筑物迄今尚未得到严肃认真的考察，包括近180座矩形山丘，其中一些边长达800米。令人惊讶的是，这些山丘堆积形成了图案，不过在地面上却无法看到。只是从空中往下看，人们才分辨出一条简单线条勾勒的美洲豹，包括眼睛、鼻子、嘴巴等。印第安人在原始森林中建造的图形标记，只有在空中才能看清。那么，这种图形究竟有什么用处呢？

◆ 秘鲁古老地画

现在已经发现了大量向天空发出的图形信号。从秘鲁南部的莫延多市直到智利的安托法加斯塔省的荒漠与山区，在高地与山丘上分布着大量这种指向天空的图形标记，其中有巨大的长方形、带有分叉的梯形以及箭头状的图案，山坡上则到处都是带有装饰性花纹的四边形。一些研究者认为，它们是某种特定的符号，甚或就是文字。不过问题在于，这种文字又是写给谁看的呢？

核战争之谜

印度是人类文明发源地之一。1920年，在印度河流域发现了古代印度大都市遗迹——摩汉乔·达罗。据推测，这座城市应是建于约5000年前，有许多令人不解的谜团。

在摩汉乔·达罗遗迹里，最令考古

学家百思不解的，是从遗迹上层发掘出的人骨群。

印度的考古学家卡哈博士作了一份报告十分引人注目："我在9具白骨中，发现有几具白骨有高温加热的证据，我很难相信这些白骨上高温加热的痕迹，是被人突然袭击且被杀所留下来的。"

显然，这不是火葬，那么，这高温加热的痕迹究竟是什么呢？按常理来判断，唯一的可能就是发生火山爆发，但印度河流域中并无火山存在。那么，是什么力量能用异常的高温使摩汉乔·达罗的居民猝死呢？

远古史研究者们这时才相信，在遥远的古代，人类曾经历过核战争，因为流传于世界各

地的神话与传说中都描述过古代惊人的战争场面，而且，在考古中也看到了种种痕迹。如在以色列、伊拉克沙漠及撒哈拉沙漠、戈壁沙漠中发现了因高温而玻璃化的地层；在土耳其卡巴德奇亚遗迹及阿尔及利亚塔亚里遗迹中，发现高热破坏而形成的奇石群。在古代长篇叙事诗《玛哈巴拉德》和《拉玛亚那》里都有凄绝惨烈的古代核战争的情景描述。

但经过实物取证，最后也只能得出是大量核爆炸的结果，因为在我们现在的科学技术的阶段中，所唯一知道能让其在瞬间发生热波和冲击波的爆炸物只有核子武器。

惊人的天文知识之谜

在南美洲秘鲁的的喀喀湖畔的高原上，有一片神秘的古城废墟——第阿瓦拉克。里面有座用整块红色砂岩凿成的巨大神像，神像上刻着一幅完整的星空图和上百个符号文字。经考古天文学家译读，发现那幅星空图竟然准确地绘下了27 000年前的古代星空，其精

确程度，几乎无可挑剔。神像上奇怪的符号，记述着深奥的天文学知识，这些天文学知识足够现代人类使用上6400万年！27000年前居住在的的喀喀湖畔的古代人类，有可能达到如此发达的数学和天文学水平吗？

20世纪60年代初，中国考古人员在新疆的一座古老山洞里发现了一批古代岩画。经科学测定，这是数万年前的作品。其中，有一组世界上最早的月相图，由新月、上弦月、满月、下弦月、残月等连续画面构成。最令人震惊的是，满月图上，在球体的月南极处的左下方，画有七条呈辐射状的细纹线，这表明月图作者极鲜明、准确地表现了月球上大环形山中心辐射出的巨

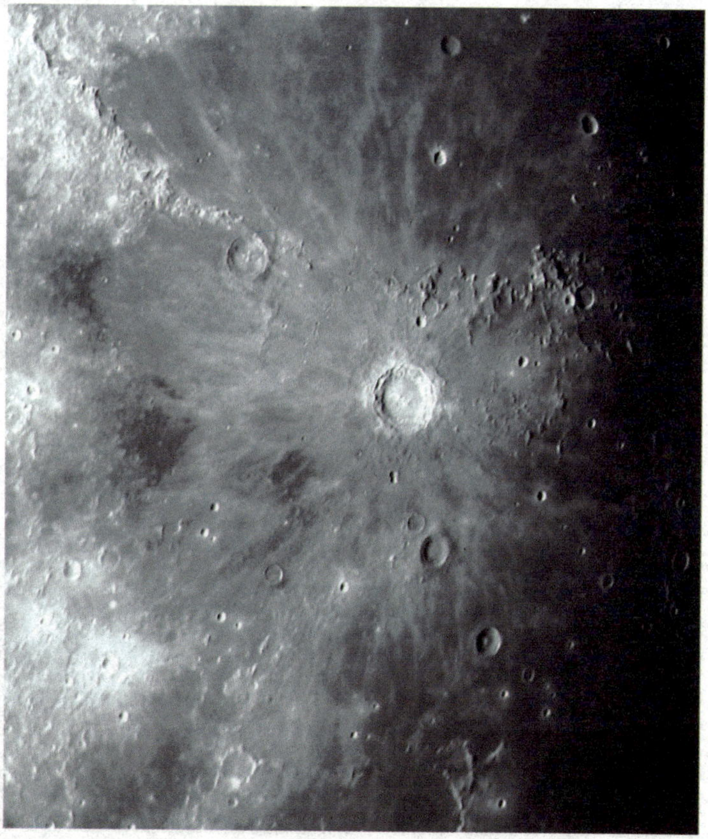

大辐射纹。今天在满月时，人们用天文望远镜观察月亮，会发现一些中型环形山都有向四方散开成辐射状的光亮条纹。条纹的宽度达几千米，长度可延伸到离辐射中心几千米的远处。这些条纹叫辐射纹，也叫做光脉，但是要知道，人类发明第一架望远镜至今只不过300年左右的时间。而在几万年前，人类尚处于“钻木取火”“结绳记事”的原始社会，人类如何知道月球环形山脉的呢？

◆ 秘鲁马丘比丘古城遗址

古代艺术品中的现代人

法国学者安利·罗特在撒哈拉沙漠中旅行考察的时候，一次偶然的机会，在沙漠的塔西里高地发现了一批已有近万年历史的岩画，上面画着数以千计的动物和人物。其中一些人穿着短上衣，手持棍棒，身上带有形状奇异的箱子。最引人注目的一幅画，画有一尊身高超过5米的人像，他的服装酷似现代的潜水服或宇航服。在他结实有力的双肩上放着一个密封的头盔，用某种接头与躯体相

连，颈部是呈水平褶纹的密封衣领。头盔上靠近双眼的部位留有许多孔道。

在意大利布雷西亚地区发现的史前时代的岩画中，有两个人物都穿着鼓鼓囊囊的套服，头上戴着密封的头盔，盔的上方还伸出两根天线似的短角，手里拿着不知名的工具。这幅画，已相当明确地告诉我们：这是一个身穿宇航服的人，或者是一个高智能的机器人。

在法国的卢萨克堡，人们发掘出一组画在水平石板上的壁画，画中人物穿戴长袍、靴子、腰带、外套及帽子，留着修剪过的长胡须，完全是一派19世纪和20世纪才有的装束。这组画经考证确属原始时代的真品。令人无法理解的是，赤身裸体的原始居民，是凭什么画出19世纪和20世纪的人物的？是凭想象吗？

1959年，在中国浙江省海宁的马家族遗址发掘出一块陶片，上面刻有一个似猿似人的头像，外面显然套有一个封闭式的头盔，其左侧还有一带状装饰物，可惜已残断，不知连接于头盔的何处，但不管怎样，这个封闭式的头盔，只有现代社会才有。

以上这些本应属于现代的文明，为什么会出现在史前人类的艺术品中呢？这不能不叫我们现代人感到迷惑和不解。或许，随着科学的发展，这个谜不久就能解开。

神奇的“死人之脸”之谜

在巴基斯坦的大沙漠深处，有一堆巨石组成的巨大的人脸的图案。但那“人脸”虽然有高高隆起的鼻子，眼睛却是半闭的，活像一张死人的脸。所以人们叫它“死人之脸”。

这“死人之脸”是一座迷宫，一些考古学家走进去，就消失得无影无踪。每当上弦月升起的时候，整座迷宫就在一阵隆隆的声响中开始旋转起来，一面旋转一面升腾。这里面似乎装着一个巨大的机关，利用月球的引力在启动!

面对这样怪异的情景，来自世界各地的著名科学家都目瞪口呆。因为这种启动方式，我们现代人还根本做不到。后来考古学家又

发现，“死人之脸”是一座高度现代化的城市的遗址。这里有纵横有序的街道，有雄伟的巨型建筑和许许多多漂亮的二层楼复式建筑，还有复杂的地下管道。甚至在住宅的浴室里，至今还能借助机械喷出水来，随时供人洗澡。

可是考古队员对整个“死人之脸”进行同位素、磁场和天文对照考察之后却发现，该遗址始建于公元前6000年以前。也就

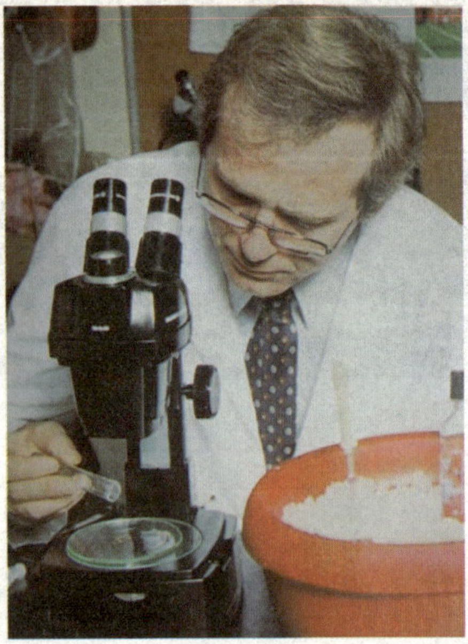

是说，距现在已经8000多年了。那时人类还处于原始社会，是谁创造了如此高度的文明？

以现代科学唯一能解释的就是：“死人之脸”是外星人所建的空间站，废弃后被地球人所用。“死人之脸”之谜仍未解开，需要科学家们的进一步努力。

这些都是外星人干的吗

在赞比亚，考古学家于1921年发现了一个生活在旧石器时代中期的尼安德特人的头骨，头骨左方有一个边缘平滑整齐的明显圆孔，若以现代科技而言，这种创伤唯有子弹高速冲击才能形成。

前苏联考古学家曾发掘出一条古代欧洲野牛的尸体，这种野牛生活在4万年前的地球上，早已绝迹了。在它的头

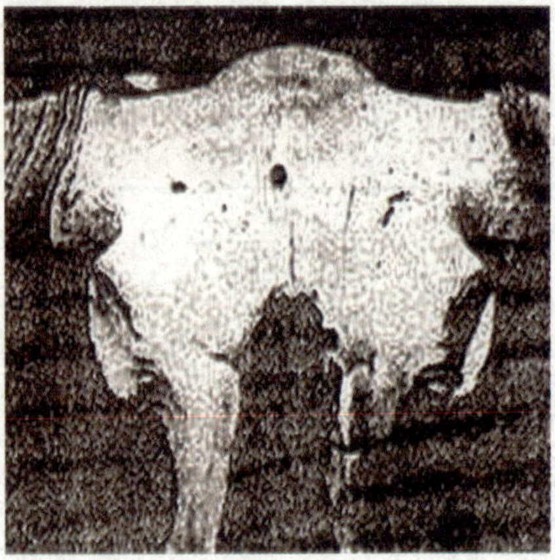

骨上有一个孔状伤洞。据科学鉴定，该洞是由一种高压气束射击造成的。

有关学者认为，生活在4万余年前的原始人绝不可能有高压气束或枪弹之类的武器，合理的推测是，受伤的欧洲野牛和尼安德特人是受到了来自外部文明世界使者的袭击。

此外，前苏联考古学者还在西瓦湖附近挖出一具4000年前的女性古尸，尸体遗痕清楚地表明，她不但被枪弹类物质击中，而且还被做了外科手术。

◆ 野牛头骨化石

在南非的一个金矿里曾发生了一件离奇的事。一群矿工在岩石中挖出了数以百计的金属球。这些金属球类似人造的球体，它们的顶端和底部是平的，中间有三条镂刻完整的槽线。令人惊奇的是，这些金属球中有一个球能自动在它的轴线上旋转。据地质学家说，这些金属球很可能是20亿年前的物体，它们是如何冶炼和制造的？又是怎样埋藏在那里的？为什么其中一个球会自动旋转？这些金属球是派什么用处的？谁也无法正确回答。

中国贵州省松桃自治县

两名矿工冉隆金、冉隆秀，曾在寨英镇吊水洞锰矿吊水一号井310米深处发现了一块布料。该布料长16厘米、宽13厘米，质地类似现代涤纶布，紧紧夹在距地表110米的矿层之中，矿洞周围无天然石洞和住户。这就意味着早在人类诞生之前就有人发明了化纤，并织成了类似涤纶布的布料。

神秘的石柱群之谜

古老的英国有一个可以与埃及的金字塔相媲美的神秘的史前遗物——巨大的石柱群。巨大的石柱群位于英国著名的风景胜地索尔兹伯里平原上，它们一根一根地立在地面上，柱群是由巨大的条石制成的，其中有些柱顶之间，还横架着大石板，犹如一座座空中天桥。

单从石柱群本身来看，它们像一个个巨人屹立在那里，显得非常壮观。再看石柱群影子的自然景色更加为人赞叹。在每年夏至前后数天，这里的白昼最长，每天凌晨4时59分，火红灿烂的太阳已从东方的地平线上冉冉升起。由于太阳的斜射，一条又一条石柱的影子躺在大地上，纵横交错，构成十分奇妙的图案，使人顿觉石柱

群之巨大。

考古学家经过考察研究推测，认为这些石柱是古人用来观测日食与月食的。那么，难道史前古人就已有如此高深的天文学知识吗？也有人提出“外星人”这个角度来进一步研究。但是具体是怎么回事，只有靠今后的科学来解释了。

◆ 英国石柱群

美索不达米亚的遥远文明之谜

约公元前4000年在希腊语称之为“美索不达米亚”者，即底格里斯河和幼发拉底河之间的地区，已经产生了文明。大约公元前3000年，两河之南的苏美尔人已经建立了数以十计的城邦，这是迄今知道的人类最早的文明。

19世纪德国哥丁根大学希腊文教授格劳特芬德，花费许多年读懂了波斯石刻上的40个楔形文字中的 8 个字，并运用这 8 个字读出了石刻上 3 个国王的姓名。1835年英国人亨利·罗林生以同样的方法，释读了那 8 个字，此后，又释读了贝希斯敦石崖上的碑文。1848年至1879年，欧洲人在原亚述首都尼尼微进行了一次重大的发掘，挖掘出了 2 万多片刻有楔

◆ 底格里斯河

形文字的泥版和各种文物5万多件。

据考古资料推断，古代两河流域的文字体系源于苏美尔。约公元前4000年后期，苏美尔人创造了图画式文字。公元前3000年，这种文字发展成为楔形文字。文字的出现，为文明的发展奠定了基础。在苏美尔时期，已经出现了很多优秀的文学作品。自然科学也有了一定的发展，出现了太阴历，将一周定为7天，出现了数字，兼用10进位和60进位。这一时期的建筑，也有了可观的发展，出现了多级寺塔式的建筑。另外，苏美尔人发明的拱门、拱顶和穹隆结构经常用于陵墓和房舍建筑。

敦煌石窟之谜

敦煌在历史上一直占据着重要的地位。在1900年发现的大量石窟和佛经、佛像，更是证明了其历史价值。

石窟位于鸣沙上附近，窟内有如蜂窝，每个小石窟内部都有一尊雕刻得美轮美奂的佛像，而且在石壁上精绘着壁画，依据历史学家、考古学家研究的结果，判断这是在

秦（公元前366年）时，开始大兴土木，到元朝初期，约有1000年间没有间歇地做下来的！石窟约有一千，佛像计48万尊，真是一项令人咋舌的工程。

◆ 吐鲁番

据史实记载，曾经有许多凶悍的游牧民族入侵，诸如吐蕃、西纥、西夏、吐鲁番……在经过如此剧烈的战乱侵扰下，这些珍贵的文化财宝丝毫未曾受到损害，难道真是"佛法无边"？还是这些民族也震慑于佛像的神威，不敢擅自毁坏呢？

人们只能如此猜测：一群群皈依佛法的僧尼们，为了表示发自内心的虔诚，乃发愿雕琢一尊乃至数尊神像，作为他们修业的诚心表征。如此，前人走了，后人又紧接着跟上来，做着相同的工作，发着

相同的心愿。这种前仆后继的伟大精神，终于造就了这番空前绝后的伟业，也把中国人的耐心、毅力、智慧发挥得淋漓尽致。

究竟事实如何，我们尚未求得正确的答案，只能够依据着若干残留下来的蛛丝马迹，以最科学的方法，做一项大胆的假设罢了。

海底洞穴的古老壁画之谜

1998年7月的一天，法国职业潜水员昂利·库斯奎同3位潜水学会的会员，在地中海摩修奥湾40米深的海底发现了洞穴。之后，他们潜入洞穴，有了惊人的发现。在洞窟的西壁有一横排小马，是用像碳一样的黑颜料画的，画面

◆ 奇妙的海底洞穴

上蒙着一层半透明的方解石。洞顶上有一幅巨角黑山羊图，还有一幅雄鹿图。东壁上画着两头大野牛和更多打手印般的手掌，有的五指不全。还有一个猫头和三个企鹅图。有些图画显然是部分或者完全重叠在一起，甚至还有怪异的几何符号。

后来，经过考古学家的鉴定，确定这些马、野牛、山羊等壁画和雕刻全部有着

旧石器时代的特征。甚至是按照史前艺术惯例画出来的。例如，那时候画的野牛角总是弯曲或半弯曲的，蹄从来不画出来，腿总是缺掉最后的一截。这一切都可以说明它们比著名的拉斯科洞的画还要早。

根据碳测年法测定，这批画已有一万八千多年的历史了。

一万八千多年，已远远超出人类文明历史的极限，已变得十分遥远，科学家还能读懂这部“洞穴巨著”，还能破解这一史前之谜吗？

撒哈拉沙漠壁画之谜

1850年，德国探险家巴尔斯来到撒哈拉沙漠进行考察，无意中发现岩壁中刻有鸵鸟、水牛及各式各样的人物像。1933年，法国骑兵队来到撒哈拉沙漠，偶然在沙漠中部塔西利台、恩阿哲尔高原上发现了长达数千米的壁画群，这些壁画全绘在受水侵蚀而形成的岩壁上，五颜六色，色彩雅致、调和，刻画出了远古人们生活的情景。此后，世人的注意力转到撒哈拉，欧美一些国家的考古学家纷至沓来。1956年，亨利·罗特率领法国探险队在撒哈拉沙漠发现了1万件壁画。翌年，将总面积约11600英尺的壁画复制品及照片带回巴黎，一时成为轰动世界的奇闻。

◆ 意大利中古武士

在发现的壁画中有很多人是雄壮的武士，表现出一种凛然

不可侵犯的威武神态。他们有的手持长矛、圆盾，乘坐在战车上迅猛飞驰，表现出征场面；有的手持弓箭，表现狩猎场面。还有重叠的女像，嬉笑欢闹的场面。在壁画人像中，有些身缠腰布，头戴小帽；有些人不带武器，像是敲击乐器的样子；有些似作献物状，像是欢迎“天神”降临的样子，是祭神的象征性写照；有些人像均作翩翩起舞的姿势。从画面上看，舞蹈、狩猎、祭祀和宗教信仰是当时人们生活和风俗习惯的重要内容。很可能当时人们喜欢在战斗、狩猎、舞蹈和祭

◆ 日本武士

礼前后作画于岩壁上，借以表达他们对生活的热爱或鼓舞情绪。

在壁画中还发现类似现代宇航员服饰的壁画，这令考古学家很迷惑。虽说有“天子降临”类的神话可以和这些壁画有些吻合，但那也只是神话，具体情况还有待未来科学去解答。

二、从天而降的玛雅文明

一朝出现的玛雅文化

1893年，一位英国画家在中美洲洪都拉斯的丛林中发现了一座城堡的废墟。坍塌的神庙上的一块巨大的基石上刻满了精美的雕饰。石板铺成的马路，标志着它曾经是个车水马龙、川流不息的闹市。路边修砌着的排水管，标志着它曾经是个相当文明的城市。石砌的民宅与贵族的宫殿尽管大多已倒塌，但依稀仍可窥见当年喧杂而欢乐的景象。

所有这些石料，或被芒草和荆棘深深掩盖，或被蟒蛇一般的野藤紧紧缠裹。从马路和房基上破土而出的树木，无情地掀翻了石板，而浓阴逼人的树冠，则急不可待地向废墟上延伸，仿佛急于掩盖某种神秘的奇迹。

在丛林中发现城市这一消息被披露以后，举世震惊。20世纪以来，一批又一批考古人员来到洪都拉斯，随后他们又把寻幽探胜的足迹，扩大到危地马拉、墨西哥、秘鲁以及整个南美大陆。

无数的奇闻轶事随着考察队的到来，纷纷传出——玛雅人的金字塔可与埃及人的金字塔媲美。危地马拉的达卡尔城内的那座金字塔高达230英尺，墨西哥的巨石人像方阵令人困惑不解，特奥蒂瓦坎的金字塔其雄浑和精美，堪称奇绝……

是谁创造了玛雅文明？地面考古没有发现文明的前期过渡形态的痕迹，分析在此之前的神话传说，也无线索可言。玛雅文明仿佛是一夜之间发生了，又在一夜之间轰轰烈烈地向南美大陆扩展。

是谁教会了玛雅人历法

玛雅人创出了一套精巧的数学，来适应他们按年记事的需要。在决定播种和收成的时间，对于季节和年度中雨水最多的时间，准确地加以计算，以期充分利用贫瘠的土地。他们所掌握的数学技巧，在古代原始民族中，真是高

明得令人吃惊，尤其是他们熟悉“0”的概念，比阿拉伯商队横越中东的沙漠把这个概念从印度传到欧洲的时间早一千年。

玛雅人认为1个月（兀纳）等于20天（金），1年（佟）等于18个月（兀纳），再加上每年之中有5个未列在内的祭日：一年实际的天数为365天。这正好与现代对地球自转时程的认识相吻合。玛雅人除对地球历年了解得十分精确之外，他们对金星的历年也十分了解。金星的历年就是金星绕太阳一周所需的时间，玛雅人计算出金星历年为584天，而今天我们预算金星的历年为584.92天，这是个非常了不起的数字。几千年前的玛雅人能有如此精确的历法，这意味着什么？

很明显，这一切知识已经超过了农耕社会的玛雅人的实际需求而令人不可思议。那么，又是谁把这些知识传授给玛雅人呢？在那个全世界各民族仍处在蒙昧的年代，又有谁掌握如此先进的知识呢？

最古老的宇航图和金字塔

玛雅人的纪元年代可追溯到公元前3113年，而对一个相当落后的原始部落来说，这的确是很值得回味的。然而，当人们面对帕伦克的那幅宇航图时，一时间似乎所有的疑惑都将消除，取而代之的却是一种更为深切的迷茫。

帕伦克位于墨西哥高原一个荒凉的山谷里。十几个世纪以来，当地人从未关心过那幢废弃并坍塌了的神殿。20世纪50年代，考古学家来清理这个玛雅废墟时，他们从浮尘和苔藓中，发掘出了一块沉重的、刻满花纹图案的石板。

石板上刻绘的图画，既神奇又夸张：一个像驾驶长似的人双手握着某种掌握舵向的把子，围绕在四周的是各种装饰性的花边图案。当时考古界的解释是，这是一件充分展示玛雅人想象力的画图。20世纪

◆ 玛雅遗址

60年代以来，美苏两大国竞相发射各种航天火箭，载人和不载人的宇宙器械，频繁地在太空穿梭。当宇航员行走于月球和太空的照片不断传回地面后，人们才大吃一惊。帕伦克那幅图画，哪里是描绘古代神话，分明是一幅宇航员操纵火箭翱翔太空的图案。

虽然图画里面的仪器作了一定的变形，但是宇航图还是清晰可见。要知道古代是没有、也不可能有宇航器的。那么，远在古代的玛雅人是怎么了解宇航奥秘的？又如何描绘出宇航员蛰居窄小的驾驶舱，紧张操纵飞船的情形？

为何会有这样的图片，里面究竟隐藏着怎样的文明，现代科学还没有可信的解释。

玛雅人为何抛弃了文明

玛雅人既然在许久以前就创造了灿烂的人类文明，那么现代人的人类文明为何又失去了玛雅人的行踪呢？玛雅人这种“从天而降”的文明现象，为何像一场刚刚演出序幕就已结束的历史剧呢？玛雅人为何突然背弃文明，又回归原始呢？

公元830年，科班城浩大的工程突然宣告停工。公元835年帕伦克的金字塔神庙也停止了施工。公元889年，提尔卡正在建设的寺庙群工程中断了。公元909年，玛雅人最后一个城堡，也停下了已修建过半的石柱。这情形令我们联想到复活节岛采石场上突然停工的情景。

这时候，散居在四面八方的玛雅人，好像不约而同地接到某种命令，他们抛弃了世代为之奋斗追求、辛勤建筑起来的营垒和神庙，离开了肥沃的耕地，向荒芜的深山迁移。

现在我们所能看到的玛雅人的那

些具有高度文明的历史文化遗址，就是在公元8世纪至9世纪之间，玛雅人自己抛弃的故居。如今的游客徜徉在这精美的石雕和雄伟的构架面前，无不赞叹、惋惜，而专家学者们却陷入深深的困惑之中。

关于玛雅人为何大举迁移的说法也是各有千秋。有的说瘟疫，有的说自然灾害，有的说采取了某种不恰当的耕种办法，有的说阶级斗争……但是没有哪一种说法能够经得起推敲。事实如何，有待进一步考察研究。

玛雅文明之发现

来自西班牙的兰达修士于1566年，见到丛林中如高塔般威风凛凛的神殿时，简直不敢相信自己的眼睛，徘徊流连数月之后，他作了如下的笔记："都是用雕琢得十分精细的石块砌成的，尽管当地没有任何金属器具可用。"

◆ 动物像敞口耳罐

而这些玛雅文明重新为欧美所认识，是于19世纪后。1822年英国人陆续着手研究玛雅文化，并推论说，玛雅文明是由旧约圣经中的"失落的十部族"的后裔所建造的。

在危地马拉东部有一大片热带丛林。1849年，有两名白人来到此地，一个是美国人约翰·史蒂芬生，另一个则是英国画家佛莱迪力克·嘉乌德。但在两位白人探险家前来此地之

前，玛雅的超古代文明遗迹早已封闭了。当时中美洲正发生巨大叛乱，所以两人一开始探险就被捕，数日后两人才被释放继续探险。二人雇了当地的向导，经过几天后终于发现一高约30公尺的石壁绽放出耀眼的光芒。渡河之后两人看到了比想象中更为壮丽的遗迹。巨大的雕刻、石柱、祭坛，表面都刻有人物、动物及象形文字。另外，还有一巨大金字塔形的建筑物耸立于林木之间。其次在东侧也有一高大的神殿，刻着2500个"神圣文字"及各种奇异又美丽的雕刻。

史蒂芬生二人的探险工作持续了数年，新的遗迹不断被发现，而此文明遗迹之谜，也变得愈来愈难解了。

丛林中的玛雅神殿

◆ 玛雅墓中神庙

玛雅人为何在密林中建圣都呢？玛雅文化所展开的地区极为宽广，面积约为30万平方公里。在此区域全是热带雨林，由于闷热潮湿，几乎成了流行病最盛行的地方，而且到处充满了可怕的野兽。一般文化的发展皆选择河岸边的肥沃土壤，而玛雅文化则是在如地狱般的环境中建造出光明都市。

最令人不解的谜是为何玛雅族要隐藏起自己，并在黑暗之地建造壮丽的石造都市群呢？旧约圣经中所言的“失落的十部族”后裔之说，在此似乎颇具说服力，因此部落就是要隐藏自己，但此种说法并不为科学派的学者所认同。

建造巨大都市的技术何来呢？在玛雅中最古老的都市是迪卡鲁，其面积为16平方千米，此地有许多宫殿、神殿与僧院等石造建筑群。在迪卡鲁遗迹中所挖出的“时间石碑”上，刻有最古老的日期292年和最新的日期879年。可想而知，这期间的600年应是迪卡鲁文明的最盛期。

当玛雅文明发展到巅峰期时，玛雅区的艺术已经发展出一致的格式来。这时的人口也增加很多，以提卡尔来说，便多了两倍以上。随着人口的增加，神殿和宫殿等大型建筑也如雨后春笋般四处冒起。提卡尔出土的神殿基坛，一半以上的下方都是墓室，因而学者认为神殿基坛是为纪念死者而建造的。死者多半是皇族或贵族，平民没有权力，也没有能力为自己建造如此宏伟的墓室。

这些玛雅大都市，到底因什么目的而建呢？

玛雅文明神秘的发展过程

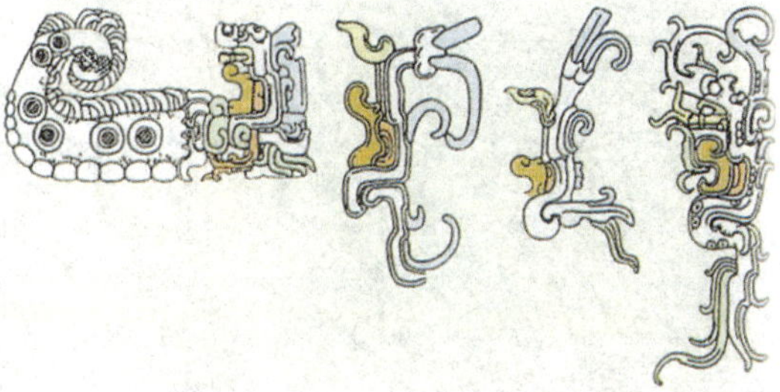

玛雅文明是如何兴起的？为何在繁盛期突然灭亡呢？纪元前1150年，正是奥美加文化以圣罗伦索为中心的繁盛期，其中包括了玛雅文明。纪元前500年左右，由恰巴斯至危地马拉热带丛林中开垦，建立了庞大的都市，成立了玛雅文化。

早在奥美加时代，玛雅地区已出现许多新兴市镇，同时出现使用陶器和过着农耕生活的形态。不过，当时玛雅低地平原一带，即后来玛雅文明的巅峰地带，却一直到公元前1000年才出现陶工。所以在此之前的陶器，可能是从奥美加人手上传递过来的。

◆ 玛雅武士塑像

公元前600年，有“玛雅之珠”的提卡尔开始自热带密林中发展起来，当时还没有出现造型繁复的装饰和公共建筑。300年以后，这颗珍珠散发出璀璨的光芒，不但出现了代表文明的祭坛，而且以翠玉和贝壳当货币从事交易，陪葬品也出现代表阶级高低的差异，这都证实了提卡尔已经出现社会组织的形态。

曾有高度精神文明的玛雅人

◆ 黏土小男偶

以中美的犹加坦半岛为中心，周围156 000平方公里的丛林与山地，散布着玛雅金字塔。这些金字塔，在人类的面前，展现出曾自以为是且长期探求的秘教教义。

至今，在密林中还不断发现玛雅遗迹群，其规模超过了现代人表面的判断能力。例如，最近才开始挖掘的可巴大都市遗迹，已发现有6500座建筑物。

住在这个区域的玛雅人，据推测，约有数百万。由于土地十分贫瘠，不适合农业，故而本地只有木瓜、香蕉、柑橘、椰子等供栽培。

因不产稻米，所以马铃薯是主食。又因位于热带雨林气候区，雨量特多，终年潮湿，这种不适于生活的地区，却有遗迹遗留，并且表现出相当的文明，其本身就构成一个谜了。

寓意深远的玛雅文字之谜

玛雅文字最早出现于公元前后，但出土的第一块记载着日期的石碑却是公元292年的产物，发现于提卡尔。从此以后，玛雅文字只流传于以贝登和提卡尔为中心的小范围地区。5世纪中叶，玛雅文字才普及整个玛雅地区，当时的商业交易路线已经确立，玛雅文字就是循着这条路线传播到各地的。

玛雅人所使用的800个象形文字，已有1/4左右为语言学家解译出来。这些文字主要代表一周各天和月份的名称、数目字、方位、颜色以及神祇的名称。大多记载在石碑、木板、陶器和书籍上。书籍的纸张以植物纤维制造，先以石灰水浸泡，再置于阳光下晒干，因而纸上留下一层石灰。

1963年，苏俄语言学者瑞·克洛鲁夫，成功地将碑文分门别类，以统计学的方式来处理和分析，从这些不同的类别中，归纳出相同的象形文字。玛雅文字不像英文那样用26个罗马字组成，而是文字每个字都有 4 个音节。克洛鲁夫终于成功地看懂了几个文字。接着，苏俄数学研究所的斯尔·索伯夫和巴基·由斯基洛夫，使用电脑，利用庞大的资料文字（约10万字）成功地解读了一篇文章。德勒斯基的古文书有月食、星星的运行、结婚等记载；马德里的古文书中有农耕、狩猎和雕刻等记录；巴黎的古文书则记载历史的真相。总之，基本的内容有宗教仪式、气象现象和农作物等。

令人惊讶的玛雅数理及科技

希腊人善于发明，但他们必须用字母来写数目；罗马人虽然会使用数字，但只能用笨拙的图解方式以 4 个数字来代表（Ⅷ）；而玛雅人却能够发明一种仅使用 3 个符号——一点、一横、一个代表零的贝形符号——来表示任何数字的计算法，实在是不可思议！

现代算术发展于印度和中东，以“十进位”法求出所需之数目，而玛雅人在那时已知相对值（relative value）的用处及二十进位法，他们把大数目以纵行表示，从最下面起朝上念，垂直进位，由 1 而20，由20而400，由400而8000，由8000而16000……20以下的数目用 1 个象形图来表示，每 1 个象形图都由点和横线组成，

每一点代表 1 ，每一横线代表 5 ，贝形图案则代表 0 。

玛雅人已经知道，以20进位法，并利用类似算盘的方法，用两个记号“点”和“线”。两个记号，正是今天电脑的基础。这种方法，可能极易使用天文学的数字，在危地马拉的吉里瓜所发现称为石标的雕刻石柱中，记载着9000万～4 亿年的数字。

墨西哥百冷阁中神秘的石雕绘

1948年到1952年间，墨西哥籍考古学家路利教授在巴伦杰神殿的“碑铭神庙”中，在巨大石室的墙上发现刻有九位盛装的神官，及一位带有奇妙头饰的青年浮雕。看到这些浮雕的研究者都说：“浮雕与太空人非常相似，此墓埋葬的一定是外星人。在内部往下72阶的房间中，发现了一间封密的密室。密室中有一身穿华服，且身高比玛雅人高出20公分的尸体。除此外还有多种陪葬品。其中最受瞩目的是有个石制浮雕像，这是令今天的人百思不解的一件“艺术品”，被称为闻名的巴伦杰神殿的“玛雅的火箭图”。

路利教授在巴伦杰神殿所发现的浮雕和玛雅碑文有密切的关系。被解读出来的碑文中，就有一节：“白色的太阳之子，仿效雷神，从两手中喷

出火……”这段恐怕是古代玛雅人对太阳崇敬所想象出来的情景。但是据路利教授所发现的石雕，及碑文中所记载的那节是“真实”，仔细考虑后，我们只能说那一定是飞行物体。

以我们现代的知识，认为那是宇航员的服饰，而那件“艺术品”正是一个单人火箭。但是，以当时玛雅人的不用金属的习惯，即使科学达到了水平，怎么会制造火箭呢？经过多年的推敲论证，现在得出的结论也只能归结到外星人。

水晶人头之谜

在大英博物馆里有一颗玲珑剔透的水晶人头。当夜幕降临，天色黯淡下来之后，它就会发出耀眼的白光。要是不注意的话，就会被吓一跳。基于这个原因，每到晚上，工作人员就用一块黑绸子把它包起来。从1898年展出至今，这样做已经有一百多年了。

除了大英博物馆陈列的这颗水晶人头之外，世界上还有另外两颗相似的水晶人头，其中有一颗保存在一位名叫安娜的英国妇女手中。

那是在1927年，当时安娜还只有17岁。这位来自英国的姑娘，随着父亲、考古学家米希尔·海德吉来到了洪都拉斯。父亲的考古队要在这里考察拉丁美洲的著名古城——卢巴·安吐姆古城废墟。在挖掘工

地上，父亲米希尔在忙于整理和鉴定新出土的古代兵器。但是绿锈斑驳的旧铜器引不起女儿安娜的兴趣。她便嬉戏地从一堵断墙跳到另一堵断墙去。突然，一缕白光在墙角闪了一下。安娜好奇地走过去，蹲下身子，扒开碎砖，发现了这颗水晶人头。

第三颗水晶头骨在法国人类博物馆里，几经转折才转到法国的。他们说这颗水晶头骨是公元14或15世纪墨西哥印第安人的先祖阿兹台克人制作的。但是古人为什么制作水晶头骨呢？仅仅是一件饰物吗？难道它不具有其他更加神秘的目的和功能？对它们的考察和研究还在继续。

三、埃及金字塔文明

金字塔探秘

金字塔是古埃及文明的代表杰作，是埃及国家的象征，埃及人民的骄傲。近代埃及的考古学是从1798年法国入侵埃及以后开始建立的。拿破仑的一百七十多名随军学者对埃及的名胜古迹、风土人情、社会生活作了广泛的调

查，收集了大量资料，整理出版了一本题为《埃及志》的图书版画集。同时，一位法国军官在拉希德河入海口发现了拉希德石碑，经法国学者商伯良破译，古埃及象形文字之谜被解开。

古埃及灿烂的文明震惊了西方，许多欧美学者、冒险家、古董商接踵而来挖掘、盗卖、研究。毫无疑问，在许许多多的古迹中，最引人注目的是金字塔。由于缺乏史料记载，有关金字塔的许多疑团很长时间以来一直难以解释，探索和研究金字塔还在继续向着广度和深度开发。关于金字塔的各种议论五花八门，其中既有科学的考证，大胆的推测，又有神奇的假设，想入非非的臆测，更有一些庸人、巫师提出种种扑朔迷离、荒诞不经的说法。

有人认为：胡夫大金字塔不是古埃及人造的，而是外星人建造的。他们建造成后返回外星。比地球上文明更先进的“外星球文明”依靠金字塔一直同人类保持着联系。

还有人认为：胡夫金字塔是由失踪了的亚特兰蒂斯岛先民所造。据说，这个岛屿位于大西洋直布罗陀海峡以西，在公元前10000年曾创造过辉煌的文明。后来在“悲惨的一昼夜”，该岛突然沉于海底。该岛的科学家们提前撤离，一部分人带着科技资料在埃及建立了科学中心，并参照该岛庙宇建造了胡夫金字塔，把他们的全部科学知识隐藏于塔的内部结构中。

究竟如何，对于现代的人来说仍然是个谜。

金字塔建筑技术之谜

埃及金字塔是地球上的伟大奇迹，对于金字塔建筑技术的了解，存在着许多问题，也没有精确的解释。

那些古老的石墓穴，其精确的程度，不亚于今天的一般建筑。特别是乔普斯金字塔，刺激起许多古怪而无法揣摩的理论。

乔普斯金字塔的高度乘上1000万倍以后，即15771.57

千米，正好是地球到太阳之间的距离，这一事实，不知是否正确？子午线通过金字塔，正好将陆地和海洋分为相等的两半，这也是真的吗？金字塔的地基周长除以其高度的两倍，即得出著名的$\pi = 3.14159$这一数字，不知道是否当真？地球重量的计算已经发现，不知是否真实？而建地基的岩石也是经过仔细且精确地丈量过的，是否又是真的？关于金字塔是如何建造、为什么建造和什么时候建造的，我们所知无几。

一座149.35米高，650万吨重，屹立在那里的人造小丘，是一件令人称奇的成就，这个纪念碑似的东西，留给人们数不尽的谜团……

金字塔建造之谜

埃及境内大大小小的金字塔有百座之多，以金字塔中最大的一座，也就以第四王朝法老胡夫的金字塔为例，这座大金字塔原高146.59米，经过几千年来的风吹雨打，顶端已经剥蚀了将近10米。胡夫金字塔除了以其规模的巨大而令人惊叹以外，还以其高度的建筑技巧而闻名于世。虽经历千年侵蚀，人们也

很难用一把锋利的刀刃插入石块之间的缝隙。古埃及人何以有这么精湛的建筑技术，又是如何建造的呢？

关于金字塔是如何建成的有千百种说法，其中最典型的说法有：

百万奴隶劳作的结果

人称“西方史学之父”的希罗多德认为，古埃及人是借助畜力和滚木，历时多年，强迫几十万奴隶建成的。建胡夫金字塔花了20年。

地外文明的杰作

研究飞碟和地外文明的人认为，这是外星人在地球上建的根据地。

失落文明部落的遗产

持这一观点的人认为，这是人类历史上一次文明在社会灭亡后的遗产。

混凝土浇灌的结果

2000年，法国人约瑟·

大卫·杜维斯提出了他惊人的见解：建造金字塔的石头是用石灰和贝壳经人工浇铸混凝而成的，其方法类似今天浇灌混凝土。

不过没有一种是人们最信服的，看来金字塔的建造之谜还有待未来科技来解答。

金字塔用途之谜

关于金字塔的用途，人们也议论纷纷，莫衷一是。

金字塔看起来显然是埃及法老的陵墓，可是仍然有许多现象令人费解。一年中，在特定的某几天，当太阳照在著名的吉萨高地金字塔顶上的条纹大理石板上的时候，其反射到空中的亮光在月亮上都能清楚地看到。这难道是与外星进行通讯联络的方式？

最新最奇的理论——金字塔是发电厂。埃及著名的金字塔研究专家阿兰·F·阿尔福德在他刚刚出版的新书《新世纪的奇迹》中一一列出证明他新理论的证据：胡夫金字塔王后墓室的地板上竟然有被水长期侵蚀的痕迹，国王墓室四周被远古时期的强热烧焦了，离吉萨高地不远的国王谷和王后谷里有成堆成堆无法解释的高温作用后留下的白色“细

砂”。那么，这究竟是怎么一回事呢？阿尔福德的注解是：当尼罗河水被引到金字塔边的时候，水最先淹进金字塔的地下室，这些水被抽进王后墓室里燃烧，从而释放出巨大的热能，那么，在这里建造如此巨大的“电厂”有什么用途？埃及的古谚语说过：“金字塔是光明之顶，是巨大的眼睛”，这么说，金字塔是为了给遥远的宇宙航行指导方向的“雷达”？

“金字塔是星座图”是又一新说法。1998年，英国著名金字塔学家扎克里亚斯特钦在新著《通往天外之路》中写道：“吉萨高原乃至整个尼罗河谷金字塔的排列与猎户星座的星球排列完全一致，所以金字塔肯定跟这个星座有关。整个尼罗河谷是一幅巨大的星象图！”

再者，还有另一种较古典的说法，那就是约300年前，法国的德·夏鲁塞所提出的大金字塔日时之说。他注意到照射在大金字塔各斜面的太阳影子，会随季节的更迭而有微妙的变化，经过1年观察的结果，他终于查出在北侧的斜面上，分为可形成影子和不能形成影子的季节，其分界就在3月1日和10月14日。而这两日又正值是各种农作物的收种时期，因此，他才发表了大金字塔是用来通知耕种之历法的日时。

除了上述几种用途，还有许多说法，但都没有充足的证据，有待后来者的进一步考察。

◆ 古埃及艺术

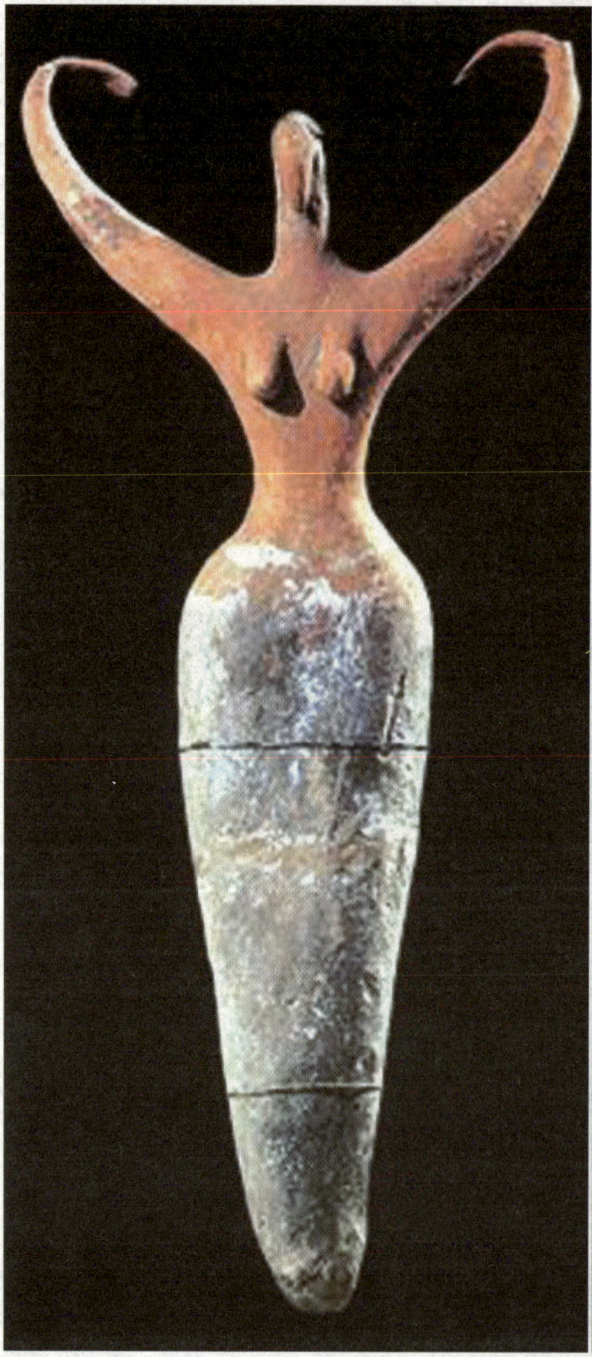

埃及金字塔年代之谜

“埃及金字塔究竟有多少年”这个问题一直困扰着考古学家。

一些考古学家通过分析古代文献得出了金字塔建于4500年前的结论对埃及金字塔年代的这一评价可能有100年左右的误差。从一种观点来看，与金字塔的年代相比，这误差不算多，从另一种观点来看，人总是不满足于现状，会想方设法追求理想与完美。

英国古埃及学家凯特·斯彭斯以天文学为基础算出这座最大的金字塔应建于公元前2478年，正负误差仅为5年。因此，根据凯特

提出的“天文学”理论，奇阿普斯大金字塔建造至今已有4478年，比原先人们一直公认的年代又向前推进了75年。

凯特·斯彭斯的方法之所以重要，还有另外两个理由。第一，它与有关埃及金字塔年代的复杂观念不矛盾：75年完全在根据古代文献测定金字塔年代的误差之

内；第二，它可以作为反对埃及金字塔和人面狮身斯芬克司建于比现在公认的年代还要早几千年观点的补充证据。古埃及学家们认为，借助于天文学方法和分析古代文献两种不同方法获得如此接近的结果，可以更肯定地相信，埃及金字塔是在公元前2500年前后建造的。

◆ 壁画

“金字塔能”之谜

在全世界研究金字塔的浪潮中，说法越来越多，也愈来愈离奇，被它吸引的人也日益增加。几十年前，忽然又冒出一项所谓“新发现”，这项“新发现”就是蜚声欧美各国的“金字塔能”。它说的是金字塔形的构造物，其内部产生着一种无形的、特殊的能量，故称之为“金字塔能”。据说，这种能量有许多用途和奇特的功效。

假如把一枚锈迹斑斑的金属币放进金字塔，不久，就会变得金光灿灿；假如把一杯鲜奶放进金字塔，24小时后取出，仍然鲜美清新；如果你头痛、牙痛，到金字塔去吧，一小时后，就会消肿止痛；如果你神经衰弱，疲惫不堪，到金字塔里去吧，几分钟或几小时后，你就会精神焕发。

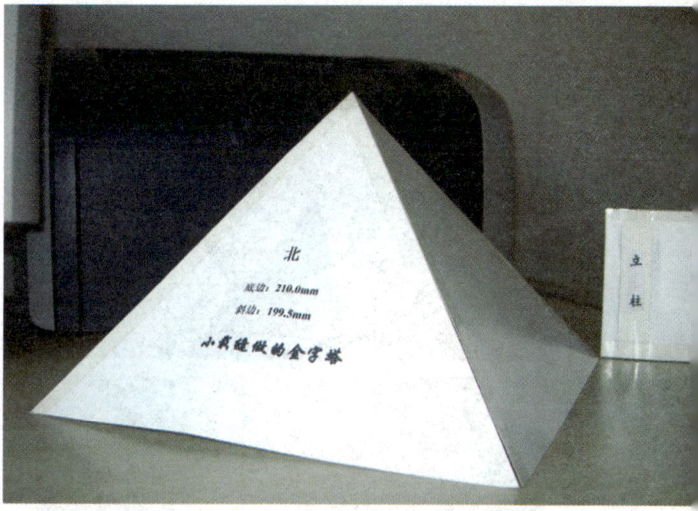

之后，有人作出了金字塔模型，只要正对南北就会收到相同的效果。

最使人毛骨悚然的是埃及考古学家马苏博士所宣称的，当他经过 4 个月发掘，在帝王谷下27英尺的地方打开一座古墓石门的时候，一只大灰猫，披着满身尘土，躬着背，嘶

嘶叫着，凶猛地向人扑来。几个小时以后，猫在实验室里去世了，然而，它忠实地守卫着主人，守了整整4000年。

有的科学家认为：金字塔的结构是一个较好的微波谐振腔体，微波能量的加热效应可以杀菌，并且使尸体脱水，而在这个腔体中，可以充分发挥微波的作用。可是4000年前的法老，怎么知道利用微波呢？这仍然是一个谜。

法老的神秘咒语之谜

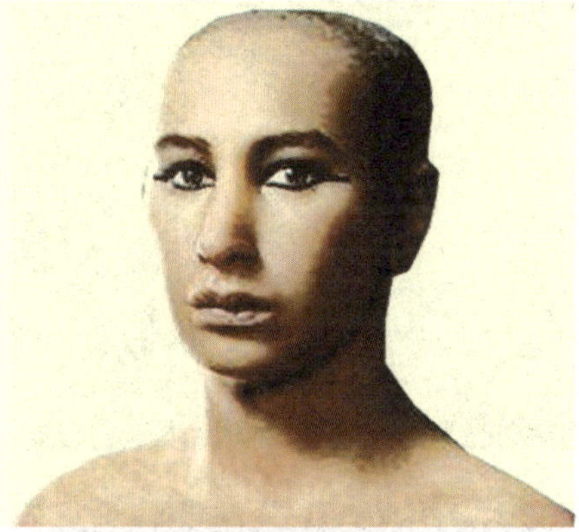

法老咒语真的能显灵吗?这个问题一直困扰着研究埃及金字塔的学者们。

一直以来，图坦卡蒙法老之墓披着神秘的外衣，没有人确切地知道它的一切。1916年，两位英国考古学家卡特和卡尔纳冯伯爵一起来到图坦卡蒙法老陵墓的所在地，开始了艰巨的挖掘工作。经过一年多辛苦的挖掘，终于找到了图坦卡蒙法老的墓穴。

图坦卡蒙墓美妙绝伦。当人们小心翼翼打开墓门进入前室的时候，只见门槛上散落着朵朵鲜花，花瓣依旧鲜嫩，似乎还是刚刚撒下；油灯灯罩存有新鲜的煤黑，似乎才是刚刚熄灭。整个墓室的宁静气氛，仿佛在提示人们，葬礼在昨天举行的，而法老也才刚刚睡熟。

在他们近墓穴之前，就已发现墓穴的入口处贴着一条十分可怕的

咒语："死亡将会降临侵扰法老王安眠的人。"但是相信现代科学的他们，没有一个人放在心上。然而，谁也没有料到，此后厄运和灾难接连不断地在卡特博士周围降临了。

首先是为发掘图坦卡蒙陵墓拿出巨额投资的卡特的合作者卡尔纳冯伯爵。有一天，他正要步入图坦卡蒙陵墓大门的时候，忽然被蚊虫叮咬了一下，左边面颊感到稍稍有些疼痛。等他回到住所之后，脸颊上被叮咬的地方，逐渐有了一个肿

块。后来那个肿块越来越大，也越来越痛。在一次刮胡须时，虽然他格外小心，却还是让刀片割破了肿块，弄得满脸是血。

谁料这处不起眼的刮伤，竟然导致了败血症，威胁到了他的生命。当卡尔纳冯被人送到开罗医院的时候，正发着高烧。在住院期间，他时常梦魇，嘴里咿唔着“图坦卡蒙”“法老王”“饶恕我”之类的呓语。最后，带着一脸的恐惧去世。

之后，和图坦卡蒙法老之墓有直接关系和间接关系的人，相继离奇死亡。法老的咒语变得越来越神秘。现实摆在我们面前，也会让我们望而却步。究竟是不是法老咒语显灵，还需要科学家们进一步研究、探索。

“木乃伊”复活之谜

“木乃伊”是阿拉伯语“没约”的音译，也就是“干尸”。埃及人之所以将尸体制成“干尸”，据说这样可以使其复活。

令人不可思议的是，有些木乃伊真的“复活”了。一天，当埃及的专家们正对一具2900年前的木乃伊做重新处理时，突然听见木乃伊开口说：“我是弥赛亚，我来拯救你们。”这使在场的人个个惊得目瞪口呆。

“我们都听得很清楚。”穆斯塔法·哈马思博士说，“木乃伊胸部震动，用有力而深沉的嗓音发声，嘴唇动作看来像活人一样。”她语速极慢，仅讲了几秒钟时间。话讲完后四周一片寂静，大家都惊呆了。最后有一位专家打破沉闷，对在场的人说，我们都听到内杰梅特说她要做犹太人期盼的复国救世主弥赛亚是不是？在场的人听了都一个劲地点头，其中一些人赶忙从口袋里取出录音机，想等木乃伊再开口说话时把它记录下来。

“木乃伊警告科学家不要摆弄他们已有10次，这些均有记录，”法兹尔·马拉克博士说，“通常都发生在他们的尸体被移出王室陵墓时他们才发出如此警告。然而内杰梅特有所不同，她未对博物馆内的专家发怒，反而语音中充满着爱心”。

另外，有些科学家给神情安详的木乃伊拍照，但相片冲洗出来后，竟发现有些照片上的木乃伊在狞笑。

◆ 木乃伊头发回归

这些“复活”的木乃伊，究竟是具有灵魂的干尸？还是古埃及人用来吓唬盗墓人的一种巧妙方法？它们的机关在何处？其中的奥秘又在哪里？这些都是我们目前暂时无法回答的问题。

木乃伊的制作

古埃及人相信人的生命在死后还会继续，认为完整的尸体是灵魂在来世栖息的必要场所。因此，他们就不惜人力、物力制作木乃伊。

制作木乃伊是个很复杂的过程。他们首先用一种特制的有倒钩的金属工具，从鼻腔伸入，使鼻腔裂开一个小孔，但又不会使整个头骨破裂。然后从鼻孔倒入棕榈酒，用一细长工具伸入脑中搅拌，脑髓会充分溶解于棕榈酒，然后把尸体翻转，棕榈酒和溶解后的脑髓从鼻孔流出，整个脑壳就清洗得很干净。

接着将尸体剖腹，取出五脏，用香料和酒精洗腹腔，并填入防腐药物，再缝合刀口。刀口缝合后，再将尸体放在天然的碳酸钠溶液中浸泡70天。之后，制

作师取出尸体进行清洗，涂上油膏和香料，用大量的亚麻布包裹严密，外面涂上树脂。包扎时，从手指和脚趾开始，乃至四肢、全身；其间，要特别小心防止指甲脱落。腹部的切口处盖上布，它象征荷拉斯“完好的眼镜”。这样包裹好的木乃伊，保持着脱水前的形状。

从尸体中取出的内

脏，经干燥处理后，也用亚麻布包裹，装入特殊的大口瓶子，储藏在墓中。

最后，在木乃伊的上面和绷带内，一般都放护身符和蜣螂雕像（或叫圣甲虫像）起保护作用。因此，木乃伊胸前都放一个蜣螂像，上刻有祈祷语，乞求心灵在阴间审判的天平上不要作不利死者的证明。

这样，一具木乃伊就制作完成了。

五万年前的人造心脏之谜

众所周知，人造心脏是近些年才制造成功的。然而，令人惊奇的是，考古学家在非洲的突尼西亚北部一处偏僻森林内发掘出来的史前穴居人的尸骸中，发现了一颗构造精密、由多种金属配件组合而成的人造心脏。根据碳14鉴定，证明这位穴居人死了至少有5万年以上。

考古队长梅沙·夏维博士说："那具尸体早已腐化，但他体内的人造心脏仍然十分完好，看来稍加修理便可再次使用。我们深信这确是一具来自5万年前的人造心脏。如果上个月有人对我说有这么一件事，我准会大声嘲笑他，并指责为无稽之谈，可事实就摆在眼前。但是，我相信，制造人工心脏的人，绝对不可能是穴居人，也不会来自我们这个星球。"

◆ 人造心脏

研究古代UFO的美国专家奇顿·兰拿说："我们曾经追溯到古埃及人是首批与外星人接触的地球人，但现在很明显地证明，早在地球有人类活动的时候，便已经有外来的高智慧生物存在。那具在穴居人身上找到的心脏，虽然十分简单，但却有金属管道和一个类似泵的东西，看起来跟我们今天的人造心脏差不多。说明某种高智慧生物早在5万年前便已来到地球，并给这个人进行了这样的心脏移植手术。或许这个穴居人并非真的有心脏病，只是被他们用作实验的白老鼠而已"。

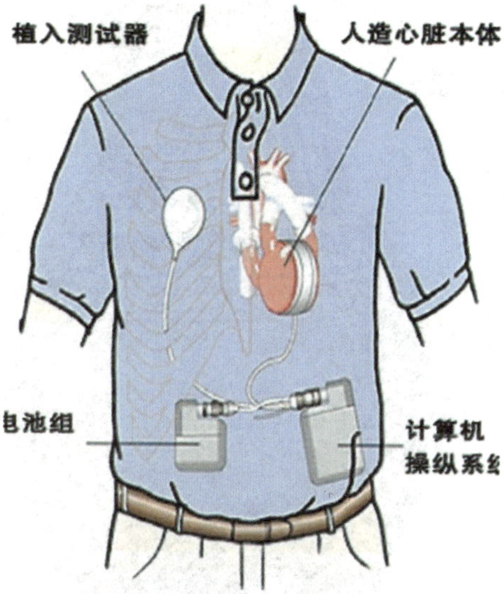

另一位考古学家雷福·柏斯提出了另外一种看法："这可能是人类进化过程中失去的某一个重要阶段。

或许我们这个世界曾经一度十分文明，但却在很久以前的一次核战大灾难中毁灭了，然后经过一段极长时期，一切生命才又重新开始。这个人造心脏极可能是由旧世界一位侥幸生还的科学家，将它移植到一个穴居人身上，作为给后人的一种启示”。

这个史前人造心脏已送往西班牙马拉加市，供来自世界各地的科学家、历史学家和ＵＦＯ专家研究。希望能够早日了解到底是谁在5万年之前就制成了人造心脏。

四、复活节岛巨像文明

发现复活节岛巨像

复活节岛属智利领土，在南太平洋中，距智利海岸3600千米，当地人叫“拉帕努伊岛”，意思是“世界的中心”“地球的肚脐”。1722年复活节这一天，荷兰航海家雅各布·罗杰温和他的同伴们在太平洋南部海域航行时，意外地发现了这个无名的岛屿，并高兴地将这个岛屿命名为复活节岛。

这个很小的孤岛，周围只有60千米，人烟稀少。岛上没有森林河流，没有矿产良田。有的只是裸露的岩石，离离的荒草。就是这样一个几乎与世隔绝的荒岛，却因岛上矗立着巨大石雕像而成为举世瞩目、闻名遐迩的地方。

巨像分布在岛的四周，排列在海岸，共有450多尊，每尊高达10米，重达90多吨。最高的20多米，重达100多吨。半身像安放在石砌的台座之上。巨像造型奇特，个个高鼻大耳，雄浑生动。有的还戴着石帽，留着胡须。部分石像横倒侧卧，埋没于荒草丛中。

一位学者这样说道：

“复活节岛的四周是一望无际的海洋和天空，寂静和安谧笼罩着一切。生活在这儿的人们总是在谛听着什么，虽然他们自己也不知道在倾听什么，并且总是不由自主地感到，似乎门庭以外有什么超乎我们感觉以外的神圣之物存在着”。

复活节岛巨像建造之谜

是什么人、为了什么目的雕刻这些石像的？取材何地，用何工具运到这里再竖立起来呢？这些谜团，引起了人们浓厚的兴趣。

英国学者詹姆斯在他的《消失的大陆》一书中，曾提出巨像是古大陆人类文明遗迹的见解。但是不久就被新的观点打破了，因为他的学说与人类学、地球物理学的结论不符。

挪威人类学家索尔·海尔达尔提出一个比较新的论点，他认为复活节岛的巨像文化起源于南美大陆。索尔·海尔达尔在对秘鲁和复活节岛分别进行了实地考察之后，还提出了一个几乎不容辩驳的论证：这就是在秘鲁维拉科察一地发现的石刻人

像，其面貌特征与复活节岛上的石刻人像惊人的相似。由此可以断定，复活节岛的最早居民和岛上巨石人像的创造者是秘鲁人。

经过长期的争论和多次实地考察，专家们比较多地认为，巨像文化的起源地应在波利尼西亚当地。

但秘鲁人也好，玻利尼西亚人也罢，他们为什么要在岛上创造如此巨大、如此众多的人面石像呢？难道仅仅是后人纪念先驱者的“祖先崇拜”心理所致吗？心理学家认为有可能是为了对岛上出没的野兽或入岛的外来侵略者形成心理上的威慑力量，才把“莫埃依”神像建造得如此巨大，并个个都是威严可畏的样子。复活节岛的早期居民建造巨石人像的真正动机，现在我们还无从得知。

复活节岛最后的秘密

复活节岛是迄今唯一一个发现有古代文字的波利尼西亚岛屿，这些文字的意义至今仍是一个谜。

复活节岛于1722年被荷兰商船队长雅各布·罗格温发现。1862年，一支贩运奴隶的海盗船队从秘鲁出发，来此寻找挖鸟粪的工人。他们掠走了1000多岛民，包括他们的国王凯莫考，他的儿子和那些能读懂称为“rongo-rongo”的石板文字的老人。

驻利马的法国领事最终将100多个被贩卖的岛民遣返回岛。但那时他们都已染上了天花，并且回去之后又传染了其他岛民。或许复活节岛文字的秘密就是随着这场灾难性的传染病的受害者一起被埋葬了。

1868年，主教德帕诺·若桑得到一个带有奇怪符号的木简。上面的一些特殊文字没有人能解读，就是岛上的居民也不认识。现代的科学家想解开其中的谜团，也是一头雾水。

五、亚特兰蒂斯大西国文明

大西洲的寻觅

在西方世界的种种疑谜中，最能拨弄人们玄思遐想的莫过于阿特兰蒂斯大西洲了。千百年来，人们一直怀着浓厚的兴趣，孜孜以求，寻找着它的踪迹。

公元前350年，柏拉图在他著名的言论集中写道：远古时代，海峡彼岸有岛，人称其为“大力神天柱”。岛的面积比小亚细亚和利比亚之和还大……岛名阿特兰蒂斯，岛上有一个伟大而美好的王国。

1930年，在对北美大西洋沿岸进行的一次航空测量中，发现在南

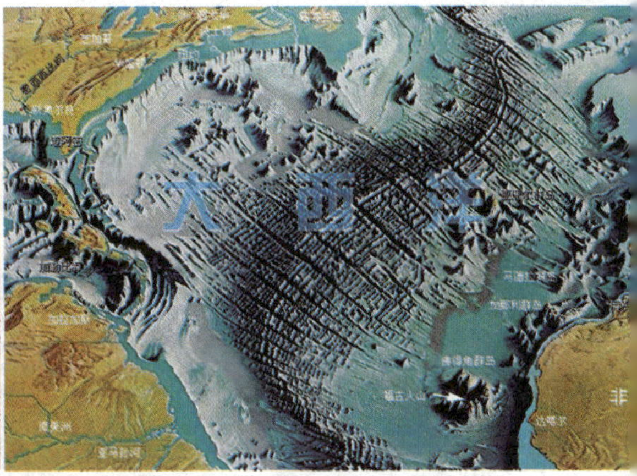

卡罗来纳州查理斯顿市附近海岸，酷似一个弹痕累累的战场，地面上斑斑点点，布满了大约3000个圆形和椭圆形的洞口，它们很像是来自西北方上空的许多巨砾袭击的结果。另外，从海底地形上发现，在波多黎各岛附近有两个深达30 000英尺，方圆27 700平方英里的凹陷地带，地理上称它为波多黎各地沟。究竟是什么原因造成如此巨大的海底地沟和那数以千计的凹陷痕迹呢？

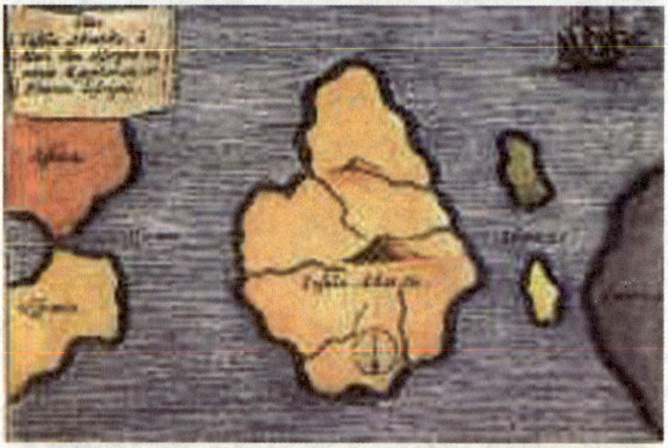

史学家墨克大胆地把这些凹陷、地沟与柏拉图的记载联系了起来。他认为大约11000年以前，有一个绕太阳作不规则运转的危险星团。这个星团中有一颗小行星A突然脱离星团，脱离之后，就恰似一枚巨型火箭，以雷霆万钧之势，从西北方向扑向地球。就是这个小行星A给地球带来了无数灾难：地震、全球气候变化、洪水以及亚特兰蒂斯的沉没。

人类经过很长时间才从这场浩劫中恢复过来。当人类重建文明的时候，柏拉图粗陋记载里的阿特兰蒂斯岛，已经成为神话一般的名字。以前留下的文明，早已荡涤殆尽。于是，阿特兰蒂斯岛就成了历史的哑谜。看来，人类需要艰苦地积累用来探索海洋深处和发现天体中出轨的行星所依据的科学知识。到那时候，阿特兰蒂斯沉岛之谜方能真正揭开。

◆ 波多黎各海峡

亚特兰蒂斯之谜

几千年来，在美洲、非洲和欧洲民间，广泛流传着一个很古老的传说：相传在遥远的古代，地球上有一块独特而神奇的大陆——大西洲，那里气候温和，土地肥沃，森林茂盛，风景绮丽。在大西洲上，有一个历史颇为悠久、具有高度发达文明的神秘古国——亚特兰蒂斯王国。古代传说亚特兰蒂斯是“人间天堂”“乐园”，那时地球上有猿类以及从猿到人过渡阶段的生物，因此，亚特兰蒂斯古国不可能由地球上人类所创建，只能是“天外来客”外星人建立的；亚特兰蒂斯人不可能是地球上土生土长的人种，只能是来自遥远星球的人种。

目前，西方有一些学者提出了一种猜测：地球上早期猿人可能是由亚特兰蒂斯人与古猿

于300多万年前相交配而产生出来的。法国内克尔医院细胞遗传实验室主任格鲁希博士对早期猿人起源问题经过长期的研究之后，从染色体着手，解释从猿变成人的突变过程。法国学者首先对细胞的变异进行了研究，之后其他学者又将“突变论”深入到遗传、进化等方面用来研究新物种起源的突变现象。染色体在不同的生物中，数目、形状和大小是不同的，而在同一种生物中则是严格确定的。古猿的染色体有24对（共48条），其中23对是常染色体，一对是性染色体。可是，有些古猿由于偶然变异，以致少了一条常染色体，一共只有47条。它们与亚特兰蒂斯人相交配，就产生了具有23对染色体的早期猿人。

上述猜测是否正确，难以肯定，尚有待进一步探讨。然而人类具有100万年的历史，在这100万年间人类不断进步，促使文明进化。可是，若回顾人类的进化时，就会发现在许多情形下突然发生了大变化，而其原因则于现今仍无法解释。但可以相信关于人类起源的谜团在人类的努力下一定会真相大白。

无与伦比的亚特兰蒂斯文明

关于亚特兰蒂斯大西国的文明，人们可以从柏拉图的《对话录》中了解到部分文明，也可以从著名的预言家凯西的催眠透视中，了解更多、更详细的文明。

在亚特兰蒂斯超文明中，最令人注目的科学成就就是能源系统。凯西在这方面留下了十分详尽的催眠透视纪录。能源系统的中心是磁欧石。它是六面体（切断面是六角形），巨大圆柱体状的玻璃样物质。它被设置在波塞冬（海神市）太阳宫的中央能源所内，组织出20世纪人类尚未知的“宇宙能源”，将它集中、增强，以不可直视的强光向世界传播。

亚特兰蒂斯人不只将那光线发展成动力及热源，他们还能使人体再生及返老还童，以致亚特兰蒂斯人无忧无虑，快快乐乐地生活于那个天堂里。

凯西催眠透视所提供的黄金时代亚特兰蒂斯超文明，是现代人不可想象的。

但在公元前28000年的时候，地球上只有猿类和从猿到人过渡阶段的生物，因此有学者认为亚特兰蒂斯大陆上的大西国，不可能由地球人类所创建，只能是天外来客——外星人建立的，亚特兰蒂斯人不可能是地球上土生土长的人种，可能是来自遥远星球的人种。

西方一些学者推测，地球上早期猿人可能是由亚特兰蒂斯人（外星人）与古猿于300多万年前相交配而产生出来的。

也有学者提出是在5万年前，有一批外星人来到地球，他们选择了亚特兰蒂斯岛上智力较高的雌猿，与太空人的基因进行杂交，从而产生了亚特兰蒂斯人。这种说法与凯西所说亚特兰蒂斯文明开始发达是在公元前5万年以及这种文明是在瞬间发达起来是一致的。而凯西

所说的亚特兰蒂斯人“比较接近神”，从现代人的眼光来看，这个神就是外星人。亚特兰蒂斯人所崇敬的海神波塞冬，就是外星人的代表。而且可以肯定，以海神波塞冬为代表的外星民族，当时他们不仅在陆地上创建了亚特兰蒂斯文明，而且经常出没于大海，在海底创造了更先进的文明。

六、难觅其踪的古城文明

迷离扑朔的陶蒂华康城

在墨西哥首都墨西哥城东北40千米的陶蒂华康山谷里隐蔽着一座神秘的古城废墟。那里的灌木矮丛之间掩映着两座十分巍峨的金字塔。周围是一片残垣断壁，掩埋在萋萋蔓草之中。

两塔的原名，现在已经无从知晓了。也许是根据印第安人的流传，或者是1520年以后到达那里的西班牙人的构想，它们分别被取名为太阳金字塔（日塔）和月亮金字塔（月塔）。而整个废墟则被称为陶蒂华康，意即众神的信徒得道之地。

自从古城被发现以来，就引起人们的极大兴趣。尤其对它的湮灭，更是出现了多种猜测。近来的研究，给陶蒂华康的湮灭找到了一个令人毛骨悚然的原因：陶蒂华康的祭坛杀人太多了！

考古学家认为，陶蒂华康人崇拜雨神，祈求他普降甘霖，以为牺牲得大，神祇才肯施恩。于是，他们不惜大量供奉最珍贵的祭品——活生生的人。这种以人作牺牲品之风，在托尔泰克人抵达时更是变本加厉。后来的阿兹泰克杀人作祭品更加有增无减，为了庆祝特诺提兰大金字塔落成，他们在四天的祭祀仪式中，竟杀害了 8 万人！16世纪西班牙人就曾在祭祀头颅架上发现过136 000具头骨！要知道，美洲金字塔的数目，已发现的不下千座，由于祭事之频繁，杀人之多也就难以计算了。把它作为陶蒂华康毁灭的原因之一，似是不无理由的。

死城“埃伯拉”之谜

1962年，22岁的意大利考古学家保罗·马蒂埃带领一支考古队来到叙利亚考察。吸引马蒂埃不远万里来叙利亚的是时常在马蒂埃眼前浮现的一个用灰色玄武岩雕成的狮子和一个盆子，盆的周围刻有行军的武士和宴会的情景。

1964年 9 月13日，挖掘工作正式开始。四年后，一块玄武石雕刻成的无头男人像，被发掘了出来，这尊属公元前2000年的人像服饰高贵，仪态大方。雕像的两肩之间，刻有26个阿卡德楔形文字的字迹，译成现代文则是：“埃伯拉国王伊贝特·利姆，把这尊雕像贡奉给阿斯特尔神殿。”这行字迹令马蒂埃激动万分，因为他意识到，他可能发现了一座像特洛亚一样文化发达的古都名城。

这些发现更坚定了他们挖掘的信心，之后，他们有了更大的发现。考古队先是在一个房间内发现了大约15 000块泥版文书，随后，又在另外两间房屋里找到了大约16 000块的泥版文书。数量多得惊人的泥版文书让马蒂埃目瞪口呆。马蒂埃事后回忆道："我好像在看一个陶土碑牌（泥版文书）的海洋"。

泥版文书中记载了埃伯拉王国鼎盛时期的历史。由于科学家现在还没有完全破解上面的文字，所以埃伯拉在许多方面还是历史之谜。

楼兰古城失踪之谜

◆ 3800年前的楼兰干尸美女

1901年，斯文赫定率领考察队，在渺无人烟的罗布泊地区，找到了楼兰古城遗址。发现了用木材建造的、墙壁用芦苇束或柳条编织、上面涂有黏土的古房屋，挖出了一尊高约 1 公尺的佛像以及一座庙宇的残骸，收集到了许多精美的雕饰、丝绸织品、钱币、器皿、几管毛笔以及大量用汉文和其他文字书写的木简和文书。从此，在历史上已消失了1000多年之久的楼兰古城开始重见天日。

楼兰古城的发现，轰动了全世界，很多学者把它喻为“沙漠里一颗光辉灿烂的明珠”。1906年英国的斯坦因，1910年日本的桶瑞超，1920年和1924年中国学者黄文粥等都相继前往楼兰进行考古、发掘，继续发现了大量极有价值的历史文物。一些国家纷纷派遣学者到楼兰古城，借考察之名，实际上进行偷盗文物的活动。在一些外国的博物馆里，至今还收藏着他们当年从楼兰古城抢劫去的文物珍品。

新中国成立后，中国许多学者对举世瞩目的楼兰古城进行了大量的研究和探讨。并多次深入楼兰古城进行考察，也有不少重大收获。

其实，中国很早就和楼兰接触，在汉武帝时达到鼎盛。汉武帝打败楼兰，在那里设置都护，成为古代“丝绸之路”南道上的重镇。奇怪的是，这一地位显要、声名赫赫的楼兰古城，在公元4世纪之后，却在历史上突然销声匿迹。各国科学家都在积极探索它消失之谜。

印加帝国消亡之谜

印加帝国文化发祥地在的的喀喀湖畔，它虽然位于高达四千米的高原上，但拥有丰富的水量，一片绿茵，阳光充足，是农业立国的最好地方。在这里，印加人勤劳耕种，精心经营，以最进步的方法建筑了漂亮宏伟的宫殿，并且遵照日出而作，日落而息，男耕女织的古老传统。印加人有进步的政治制度，信奉太阳教，接受太阳神统治帝国的说法。

在印加帝国到了多拿卡巴克王统治时，印加出现了无与伦比的盛世。多拿卡巴克王死后，把印加帝国分为两部分，传与瓦斯卡尔和阿达凡尔巴两个儿子来统治。于是在1532年，兄

弟不和，互不相让的战争种下了自取灭亡的祸根。

后来，西班牙征服者比萨罗和他率领的180名士兵来到这片土地。他们软禁了国王，搜集珠宝，随后又残忍地杀死国王。当他们又率兵前往印加首都库斯科，企图搜寻更多的宝藏。然而令人惊异的是，在库斯科城中，无论是宫殿、神庙都空无一物，连称为“太阳的尼姑庵”中的百位美女亦不知去向。印加人放弃文明，躲到深山里去了。但是印加人几百万的人口，何以在一夜之间消失得无影无踪，至今还是一个谜。

丛林城市吴哥城神秘消失之谜

远在1861年，法国生物学家亨利·墨奥特来到法国领地印度支那半岛（即中南半岛）的高棉，寻找珍奇蝴蝶的标本。一次偶然的机会，他听当地土著人说密林中有城堡，几百年来没人住。这激起了墨奥特寻找古城遗址的好奇之心，连寻找珍奇蝴蝶的欲望都没有了。墨奥特和他的向导在密林中寻找了五日，毫无收获，不得不率众折回。就在这时，忽然五座石塔呈现在他们眼前，尤以中央那座最高、最宏伟，塔尖映在夕阳里，闪闪发光。

墨奥特惊叫着奔向前去，一览这座埋藏在丛林中的古城。这就是闻名的吴哥城，古名禄兀。

吴哥占地面积东西长1040米，南北长820米。几百座石塔林立，建筑物上刻有许多仙女、大象及其他浮雕，休闲、娱乐场所一应俱全，堪称一座文明庄严的城市。

经过考证，在公元12世纪，吉蔑人在丛林中兴建吴哥城，并于13世纪达到盛世。其兴盛的状况可在一位中国商务使节兼旅行家周达观的著述中窥见，他

◆ 吴哥城浮雕

是在1296年抵达吉蔑首都的。

然而在1434年，暹罗人以七个月的时间，攻陷吴哥城，搜刮大批战利品而去。第二年他们再度光临吴哥城，却发现这里变成了一座空旷的“无人城”，不但没有半个人影，连牲畜也不见踪影，究竟这些人到哪里去了？关于吴哥城为何消失的猜测也不断浮现出来，但时至今日，吴哥城消失之谜依然是一个悬案，有待史学家的进一步考察。

埋葬地下的特奥帝瓦坎之谜

被埋葬在地下的古代墨西哥最具轰动效应的大都市特奥帝瓦坎，早在阿兹特克人时期就已是一座废墟。特奥蒂瓦坎城为墨西哥高原最古老的文明，始建于公元前1000年左右。

这是一座伟大的城市，它的设计沿用了1000年之久，令现代的人都望而却步，只能做做白日梦。

其中最具特色是一条纵贯南北的豪华大道，长 3 千米，宽40米，人们叫它“冥街”。这确实是一条豪华的街道，左右两侧点缀着金字塔和神庙平台。朝北望去，林荫道的坡度足有30度；站在南端，会有一种错觉：街道仿佛直通云天。于是就成了这样：站在低处一端，就会看到高度相等的台阶组成的楼梯无边无际，最后与 3 千米外的月亮神金字塔融为一体。

特奥蒂瓦坎建筑的主要代表是太阳神金字塔、月亮神金字塔、羽蛇神庙等，至今仍保留。在建筑中还发现了云母，而且运用得很是巧妙。石器时代的人能设计出这么伟大的建筑，怎么拥有现代人才知道的知识的呢？科学家不得而知。